STÉRÉO-BANQUE,

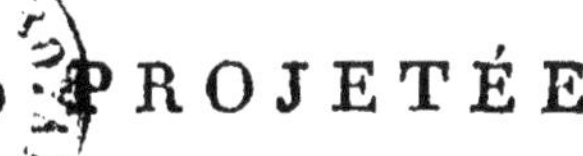

PROJETÉE

PAR FRANÇOIS CORBAUX JUNIOR.

STÉRÉO-BANQUE;

PLAN PROJETÉ

Par François CORBAUX junior

et soumis a l'approbation

du premier consul.

PARIS,

an XI. (1803.)

N. B. Les personnes qui voudront devenir *Actionnaires-fondateurs* de cet établissement, se feront inscrire chez le citoyen Fr. CORBAUX junior, rue Thérèse, n.° 538.

STÉRÉO-BANQUE.

MOTIFS DE SON INSTITUTION.

Les variations dont sont susceptibles les valeurs métalliques, exprimées par diverses dénominations de monnaie de compte, opposent un obstacle à ce que ces monnaies, de la plupart des pays de l'Europe, puissent être appréciées à leur entière valeur, chez les nations étrangères avec lesquelles ils se trouvent en rapport de commerce et de change. Chaque nation considère, dans la monnaie de toute autre, le *minimum* de valeur intrinsèque que comprend cette monnaie, sans égard à la valeur qu'elle peut obtenir dans le pays auquel elle appartient, à raison d'un *maximum* de valeur intrinsèque possible ou d'un terme moyen sous-entendu de cette valeur, à raison de ce que la forme monétaire donnée aux métaux peut leur faire justement attribuer une valeur augmentée des frais de fabrication , ou enfin parce que le souverain aurait assnjetti ces métaux à un tribut , en leur accordant la sanction de l'autorité et la garantie nationale, dont de certaines empreintes établissent l'authenticité. Les monnaies effectives peuvent recevoir, d'après une seule de ces considérations ou d'après plusieurs réunies, une valeur extrinsèque locale, pourvu qu'aucun des élémens dont celle-ci se compose n'y entre pour une part démesurée ; mais si l'exacte réciprocité d'action exercée entre tous les membres d'un même corps politique, dans leurs échanges mutuels au moyen de l'intervention de la monnaie, empêche qu'aucun inconvénient sensible ne résulte de ce système, cette réciprocité ne saurait avoir lieu entre les membres de deux Etats différens.

A l'époque du mois d'octobre 1785, la *livre tournois*, monnaie de compte de France, présentait encore à l'esprit de tout étranger deux idées distinctes de valeur intrinsèque, celle de 4,4192 *grammes* d'argent fin et celle de 0,3053 *grammes* d'or fin, d'après le *minimum* des poids et des titres des espèces de ce royaume ; les nationaux devaient, à la même époque, estimer ces valeurs pour le moins à 4,4334 *grammes* d'argent fin et à 0,30658 *grammes* d'or fin, d'après les termes moyens des poids et des titres respectifs des mêmes espèces. Bientôt l'idée de la *livre tournois* s'est identifiée, à-la-fois, avec 4,4192 *grammes* d'argent fin, ainsi qu'avec 0,28622 *grammes* d'or fin, pour les étrangers, et pour les nationaux avec 4,4334 *grammes* d'argent fin ainsi qu'avec 0,28622 *grammes* d'or fin, présumés être contenus dans cette partie aliquote des monnaies réelles de France, qui étoit relative à la *livre*, lorsqu'on les calculait aux termes moyens de leurs valeurs. Dans l'année 1795 ou l'an 3 de la République, le *franc* remplaça la *livre tournois* ; mais celui-ci peut encore ne représenter que 4,4427 *grammes* d'argent fin, au *minimum* de sa valeur, quoiqu'il soit fixé par les lois à 4 *grammes* 5 *décigrammes* pour terme moyen ; de plus, une portion de ce *franc* ne peut être appréciée que comme monnaie de billon ou de cuivre, et l'étranger ne manque pas de le considérer sous ses rapports les plus désavantageux, dans l'évaluation qu'il en fait.

C'est principalement dans la vue de soustraire la monnaie de compte de France à toute incertitude aux yeux de l'étranger, comme à toute possibilité de variation, et afin de conserver à la France tout l'avantage auquel elle peut prétendre, dans la balance des opérations de change qui résultent de son commerce extérieur, qu'on établit une banque, sous le nom de *Stéréo-Banque*, qui introduira dans le commerce et sous la même dénomination de *franc* une nouvelle valeur monétaire, toujours identique avec 4 *grammes* 5 *décigrammes* d'argent fin, abstraite de toute forme, de toute empreinte, et représentée par des inscriptions sur les registres de la banque, lesquelles seront remboursables à toute réquisition de leurs propriétaires et transférables à la volonté de ces derniers.

La conversion, en monnaie commerciale, des métaux précieux sous toute sorte de forme, pourra ainsi s'opérer avec facilité par les particuliers, sans frais de fabrication, ni déchet de poids; le rétablissement des dépôts identiques restera à leur disposition pendant un délai stipulé, à charge d'un très-léger droit de garde, prélevé d'avance; hors ce délai, la banque ne sera plus comptable que de la quantité de sa monnaie (dont la nature a été définie ci-dessus) que chaque dépôt aura représentée, suivant le tarif, et que portera le récépissé.

Mais comme ce premier objet de l'établissement de la banque ne présenterait pas, à ses actionnaires, un bénéfice net qui pût les dédommager de leurs contributions respectives à la masse de garantie qu'ils offrent collectivement au public, afin de déterminer sa confiance, elle s'attribue, en outre, le droit de commercer sur les matières d'or et d'argent, tant à l'intérieur qu'à l'extérieur de la France; elle fera, moyennant une rétribution modérée et dans de certaines proportions, des avances en promesses d'inscription à terme, sur dépôt de marchandises non périssables et dans toute l'étendue du territoire continental français; enfin elle se constitue en compagnie d'assurance, tant pour faire les assurances maritimes, que celles dites *sur la vie humaine.*

Les moyens de tout genre, que la Banque réunira, lui permettront d'embrasser les opérations d'assurance dans la plus grande étendue; elle pourra, par cette raison, effectuer les assurances maritimes à des taux au moins aussi économiques pour les assurés, que les taux qui sont établis par les plus riches compagnies d'assurance étrangères. Les bénéfices qu'elle recueillera se composeront, en grande partie, de ceux dont les négocians français se seraient, sans cela, rendus tributaires à l'étranger ; encore, de ceux qu'auraient pu s'attribuer des individus et même des compagnies inférieures en moyens, au risque, en certains cas, de rendre illusoire l'objet des assurances ; enfin elle rendra l'étranger tributaire à son tour envers la France, pour des primes d'assurance, à raison de la confiance que la Banque pourra justement inspirer, d'après l'esprit qui dirige son institution. L'organisation du plan des assurances, dites *sur la vie humaine*, en fera sur-tout un objet de bienfaisance.

Les opérations de cet établissement auront pour conséquences nécessaires, d'augmenter la quantité du signe monétaire en France, et d'exempter cette augmentation des désavantages qui peuvent être attachés au système des banques de circulation ; de donner la plus grande valeur possible à ce signe, dans nos relations de change avec l'étranger ; de prévenir les inconvéniens qui accompagnent ordinairement les refontes des monnaies, et quelquefois dispenser d'y avoir recours ;

de contribuer puissamment à l'accroissement de la valeur vénale des biens-fonds en France; de réduire le taux de l'intérêt ; de multiplier les ressources de tous ceux que les circonstances mettront en rapport avec la Banque. Celle-ci sera d'ailleurs en état de satisfaire, dans tous les instans, à l'universalité de ses engagemens, en même temps qu'elle conservera dans leur intégrité primitive tous les dépôts dont elle sera chargée; ses actionnaires, tous propriétaires de biens-fonds, trouveront leur intérêt constamment lié à celui de l'Etat ; enfin leurs bénéfices ne pourront résulter que d'opérations d'une moralité rigoureuse et d'un patriotisme véritable.

ACTE SOCIAL
ET CONSTITUTIONNEL
DE LA
STÉRÉO-BANQUE.

Les soussignés, ... , réunis ce jour dans la maison de . . . . . , l'un d'entr'eux, rue. . . . . , n.° . . . , ont arrêté, de consentement unanime, les articles suivans d'un acte de Société.

Article I.er

Etablissement de la Banque ; son objet.

Il sera établi, à Paris, une Banque publique, sous la dénomination de *Stéréo-Banque*.

Ses opérations consisteront à recevoir, à titre de dépôt, de l'or, de l'argent et d'autres matières précieuses ; à faire commerce de ces métaux, tant à l'intérieur qu'à l'extérieur de la France ; à faire aux commerçans des avances, fictives seulement, sur dépôt de certaines marchandises, de nature non périssable ; ainsi qu'à se charger de risques maritimes et autres, contre lesquels les particuliers, nationaux ou étrangers, desireront être assurés, moyennant la stipulation de primes proportionnées aux chances ordinaires que ces risques pourront comporter, ainsi que suffisantes et assez avantageuses pour permettre d'en courir les chances extraordinaires : le tout d'après certaines règles qui seront établies par des statuts-organiques, à arrêter subséquemment.

Art. II.

Garantie qu'elle présente au public.

La Banque présentera au public, pour la garantie tant des dépôts dont elle se chargera que de ses faits et de ceux de ses agens, enfin de ses engagemens de toute espèce, une caution en immeubles libres et situés sur le territoire continental de la France ; cette caution sera portée d'abord à *six millions de francs* ; ensuite augmentée de *quatre millions*, immédiatement après que la Banque sera entrée en activité ; enfin cette caution sera élevée jusqu'à *quarante millions de francs*, à mesure que l'importance des opérations de l'établissement l'exigera, et d'après le mode qui sera déterminé par des articles subséquens du présent acte.

Art. III.

Division du capital de garantie, par actions.

Cette caution collective sera divisée en un nombre correspondant d'actions, de *cinq mille francs* chacune.

Art. IV.

Formalités à remplir par les Actionnaires.

Les Actionnaires de la Banque consentiront qu'il soit pris des inscriptions hypothécaires, sur des biens immeubles qu'ils désigneront, jusqu'à concurrence des sommes pour lesquelles ils auront souscrit des soumissions. Ces soumissions détermineront la part respective de chacun d'eux dans la propriété de l'établissement ; ils n'y seront réputés intéressés, qu'autant que ces formalités auront été remplies et jusqu'à due concurrence de somme. Les droits d'hypothèque seront à la charge des Actionnaires.

Art. V.

Evaluation des immeubles reçus à cautionner.

Aucun immeuble, de quelque nature ou origine qu'il soit, ne sera reçu pour caution d'une somme plus forte que *seize* fois son revenu net et franc d'impôts; ce revenu, si l'immeuble est affermé, sera reconnu par le *Conseil du contentieux* de la Banque, qui évaluera équitablement la jouissance de l'objet, s'il n'est affermé par acte authentique ; le *Conseil d'administration* déterminera alors le nombre d'actions que l'immeuble ou les immeubles présentés pourront être admis à cautionner.

Art. VI.

Mise de fonds effectifs ; leur destination.

Les propriétaires des *douze cents* premières actions, lesquels seront désignés par la suite sous la qualification d'*Actionnaires-fondateurs*, feront, en outre et au *prorata* de leurs soumissions respectives, une mise de fonds effectifs, dont la quotité sera déterminée par l'un des statuts-organiques; cette quotité ne sera pas au-dessous du *dixième*, ni au-dessus du *sixième* du montant des cautionnemens immobiliers.

Le capital effectif, dont le *minimum* sera de *six cent mille francs* et le *maximum* d'*un million de francs*, a deux destinations; la première, de procurer à l'établissement l'aisance nécessaire, dans le commencement de ses opérations, et de subvenir à ses dépenses générales; la seconde, de faciliter l'acquisition d'un immeuble, pour servir de local à la banque. Ce capital sera rétabli, sans intérêts, dans les mains de ceux qui l'auront fourni, dès que l'immeuble se trouvera acquis en toute propriété à la banque, par ses bénéfices.

ART. VII.

Durée de l'établissement; limites de l'engagement des Actionnaires.

L'établissement, dont la durée est indéterminée, forme un corps moral, un corps social-commanditaire, seul responsable des faits de ses agens et de tous les événemens, prévus ou imprévus.

Les Actionnaires ne seront tenus de fournir, dans aucun cas, ni supplément de garantie, au-delà du montant de leurs soumissions respectives, ni mise de fonds effectif, au-delà de celle dont il est fait mention dans l'article précédent.

ART. VIII.

Dégrèvement des biens hypothéqués.

Chacun des Actionnaires pourra prétendre, dans tous les temps, au dégrèvement, total ou partiel, des biens par lui affectés en hypothèque du montant de ses soumissions; moyennant un remplacement, par d'autres biens reconnus suffisans et admissibles, ainsi qu'il est dit dans l'article V.

ART. IX.

Epoque à laquelle la Banque entrera en activité.

La Banque entrera en activité dès que les *douze cents* actions, attribués à ses fondateurs, auront été souscrites, et que toutes les formalités qui viennent d'être prescrites à leur égard auront été remplies.

ART. X.

Augmentation progressive du capital.

Lorsque la Banque sera entrée en activité, ainsi qu'il vient d'être dit, le registre des soumissions restera ouvert pendant *six mois*, pour en recevoir de nouvelles, jusqu'à concurrence de *huit cents* autres actions; et à l'expiration de ce terme, la jouissance deviendra commune entre tous les Actionnaires qui auront rempli les formalités prescrites par l'article IV.

Si les *dix millions*, auxquels le capital de garantie doit nécessairement être porté, n'étaient pas alors complétés, les soumissions continueraient à être admises, pour donner jouissance aux nouveaux Actionnaires à compter du semestre suivant; et ainsi de suite.

Le capital, ainsi porté à *dix millions*, sera successivement augmenté, jusqu'à concurrence de *quarante millions*, par la création pure et simple de nouvelles actions, en conséquence des résolutions que prendront, relativement à cet objet, les Actionnaires réunis en assemblée générale. Cependant, lorsque les bénéfices d'une année quelconque auront produit, à chacun des Actionnaires, un dividende net de *sept* pour *cent*, du montant de ses actions, il sera reçu de droit de nouvelles soumissions, afin de porter le capital de garantie à *quinze* fois la somme totale des bénéfices de l'année expirée. Les soumissions seront admises, chaque fois, pendant les *six mois* qui suivront la date du dernier compte de répartition, et sous condition que la jouissance des actions nouvellement créées comptera pour le semestre suivant.

Art. XI.

Qualité des Actionnaires.

Les étrangers sont admissibles à posséder des actions de la Banque, concurremment avec les citoyens français ; soit à titre de soumissionnaires, soit à titre de transmission ; sans préjudice à l'exécution rigoureuse des articles IV, V, VI et VIII. La Banque ne reconnaîtra toutefois, pour Actionnaires, que ceux qui y auront fait inscrire leurs titres d'acquisition. Les étrangers devront élire, à Paris, un domicile, auquel ils consentiront la validité de tous actes relatifs à leurs rapports avec la Banque.

ART. XII.

Dissolution de la Banque.

L'établissement ne se dissoudra que par la volonté, manifestée par écrit et authentiquement, des Actionnaires ayant voix délibérative dans les assemblées générales et réunissant plus des trois-quarts du nombre d'actions alors possédées par l'universalité de ces Actionnaires, présens ou absens.

ART. XIII.

Composition des Assemblées générales.

Les Actionnaires qui auront voix délibérative dans les assemblées générales, sont, 1.° les Actionnaires-fondateurs, c'est-à-dire, ceux qui auront souscrit les *douze cents* premières actions ; 2.° les cessionnaires de ces mêmes actions, à l'exclusion des fondateurs dont ils prendront la place ; 3.° un nombre d'entre ceux qui posséderont d'ailleurs le plus d'actions, pour compléter celui de *cent cinquante* me bres, qu'aucune assemblée générale ne pourra exc der, indépendamment de ceux des *grands-fonctio naires* de la Banque et autres membres nécessair qui, faute d'en être en même temps Actionnaire n'y auraient que voix consultative.

Art. XIV.

Fondés de pouvoirs.

Les Actionnaires résidant à Paris, ceux résida dans les départemens, ainsi que ceux résidant da l'étranger, pourront se faire représenter dans assemblés générales, par des fondés de pouvo authentiques.

Art. XV.

Toute assemblée générale représente l'universal des Actionnaires.

Toute assemblée générale, formée ensuite d'u convocation régulière de toutes les personnes aya droit d'y prendre part, de quelque nombre qu'e se trouve d'ailleurs composée, représentera l'u versalité des Actionnaires de la Banque. Les dé sions y seront prises à la pluralité des suffrages, s toutes les questions à l'égard desquelles quelqu'a ticle du présent acte n'aura pas établi la nécess d'une plus grande majorité.

Ar

Art. XVI.

Toutes les voix y sont d'égale valeur.

Toutes les voix seront d'égale valeur, entre les membres d'une assemblée générale, qui auront droit d'y voter ; lorsque l'assemblée sera divisée sur une question, autre que celle prévue par l'article XII, on ne comptera que le nombre des votans. La voix du président sera prépondérante, dans le cas de partage égal et s'il est Actionnaire.

Art. XVII.

Réunion des Actionnaires en assemblée générale ; formes de leur convocation.

Jusqu'à ce que les soumissions cessent d'être reçues, pour l'augmentation du capital de la Banque, l'assemblée générale des Actionnaires se réunira, de droit, à deux époques de chaque année, qui la partageront en deux parties égales et seront déterminées par un article des statuts, ainsi qu'annoncées dans les papiers publics, une fois pour toutes ; après cela, elle ne se réunira plus qu'une fois l'an, à une époque également désignée par les statuts, à moins qu'elle ne soit convoquée extraordinairement.

L'assemblée générale entendra, dans chacune de ces réunions périodiques, le compte résumé des opérations du semestre ou de l'année expirée ; elle pourra réformer, modifier ou améliorer les statuts, sur la proposition nécessaire du *gouverneur* de la

Banque, ou de celui qui le suppléera; elle procédera, par la voie du scrutin, au renouvellement annuel de *quatre* membres du *conseil d'administration* et d'*un* membre de celui *du contrôle*, ainsi qu'à chaque fois, au remplacement, tant de ceux des membres de ces conseils, que celui *du contentieux*, enfin de ceux d'entre les *quatre grands-fonctionnaires*, ou de l'*essayeur-directeur des fontes*, qui seraient démissionnaires, destitués, ou décédés ; elle délibérera aussi sur les autres propositions, non prévues par cet article et qui pourront être faites par ses membres ; elle pourra s'ajourner, si l'abondance des matières en discussion, ou quelqu'autre circonstance l'exige.

Art. XVIII.

Assemblées générales extraordinaires.

Une assemblée générale pourra être convoquée extraordinairement, soit par le *Gouverneur* de la banque, soit par le *Conseil d'administration*, soit par celui *du contrôle*, ou par l'un et l'autre réunis en *Grand-Conseil*, lorsqu'il surviendra quelque circonstance imprévue qui le rendra nécessaire, ou lorsqu'il y aura quelque changement, modification ou amélioration à faire aux statuts, avec motif d'urgence. La convocation devra alors être faite par lettres directes, aux membres de cette assemblée, tant nationaux qu'étrangers, ainsi que par les papiers publics, en indiquant son objet et, autant que possible, avec délai suffisant. Toutefois, de quelque nombre de membres que se trouvera composée une Assemblée-générale, convoquée pour des motifs urgens, ses décisions seront obligatoires, telles que celles prises dans les assemblées périodiques.

Art. XIX.

Monnaie de la Banque.

La Banque ne connaîtra, dans toutes ses opérations, d'autre monnaie que le *franc* qu'elle crée, sous la dénomination de *franc-stéréo-banco*, qu'elle se propose d'introduire dans le commerce, et qui se divisera virtuellement en *cent centimes*. La valeur de ce nouveau *franc* est purement intrinsèque et abstraite de toute forme, ainsi que de toute empreinte monétaire ; elle se compose de *quatre grammes et cinq décigrammes* d'argent pur, ou d'une quantité correspondante du même métal, lorsqu'il se trouvera allié à un titre non inférieur à celui de 897 *millièmes ;* et cette valeur est sous-entendue ainsi à son *minimum.*

La Banque n'effectuera aucun paiement, autrement que par délivrance matérielle, aux parties prenantes, de *quatre grammes et cinq décigrammes* d'argent fin, en barres et lingots de titres non inférieurs à celui de 897 *millièmes*, par chaque *franc-stéréo-banco.* Toutes les sommes dont il est fait mention au présent acte sont entendues en cette valeur ; et les inscriptions hypothécaires, que consentiront ses Actionnaires, seront énoncées de la même manière.

Le *gramme*, dont il est question ici, constitue la base des nouvelles mesures pondérales, établies en France, par la loi du 19 frimaire an 8 de la République, ou 10 décembre 1799; et il répond à 18,82715 *grains*, du poids de *marc* précédemment en usage en France.

Art. XX.

Emploi des divisions décimales.

La Banque n'emploiera que les seules divisions décimales, dans toutes les branches de sa comptabilité et dans toutes ses évaluations, tant de sommes, que de titres et de poids; elle n'emploiera aucune dénomination de poids inférieure à celle du *centigramme;* cependant, pour atteindre une très grande exactitude dans ses évaluations, elle emploiera le *demi-millième*, dans la désignation des titres des métaux précieux. Tous les titres et les poids seront désignés à leur *minimum;* ensorte que les différences qui pourront exister seront nécessairement en *plus* de valeur réelle.

Art. XXI.

Limites des engagemens de la Banque.

Il est arrêté en principe immuable et fondamental de la Banque, qu'elle ne pourra jamais, pour aucune cause ni sous aucun prétexte que ce soit, contracter d'engagemens de nature à rendre ses moyens de le remplir dépendans de la foi ou de la solvabilité d'aucun individu, d'aucune société ou corps moral, quel qu'il soit; qu'elle n'en pourra jamais créer, que pour cause d'objets matériels et valeurs intrinsèques, mis préalablement à sa disposition, en quantité équivalente et suffisante pour établir les moyens physiques de satisfaire à ces engagemens, indépendamment de tous ceux qu'elle pourrait avoir créés antérieurement. Il demeure entendu, cependant, que les assurances maritimes et autres, qui entrent dans l'objet de cet Etablissement, ne seront point considérées comme dérogatoires à cette dernière clause, attendu la très-grande division de ces risques, qui soumet toutes les chances de leur résultat à un calcul qui approche de la certitude absolue.

Tout *Grand-fonctionnaire* de la Banque, membre du *Conseil d'Administration*, ou de celui *du contrôle* qui, soit en assemblée générale, ou en assemblée d'administration, provoquera une délibération contraire à ce principe fondamental de l'Etablissement, se trouvera destitué de ses fonctions, par le seul fait d'une proposition de cette nature, tendante à altérer le crédit dont la Banque jouirait à l'intérieur et à l'extérieur de la France; il sera pourvu sur le champ à son remplacement provisoire, si ce fait a lieu pendant la tenue d'une assemblée d'administration, et à son remplacement définitif, s'il a lieu pendant la tenue d'une assemblée générale. Tout Actionnaire, ou fondé des pouvoirs d'un Actionnaire, non fonctionnaire de la Banque et qui fera semblable proposition ou provocation, sera désormais inhabile à exercer aucune fonction dans son sein, et perdra pour toujours le droit de voter dans les assemblées.

Art. XXII.

Principaux Fonctionnaires de la Banque.

Les affaires de la Banque seront administrées par *quatre Grands-fonctionnaires*, qui sont, le *Gouverneur*, son *Suppléant*, le *Secrétaire* et le *Garde des dépôts ;* enfin, par un *Conseil d'administration*, composé de *douze* membres.

Les opérations de la Banque, l'observance de tous les articles de sa constitution et de ses statuts, seront surveillées par un *Conseil du contrôle*, composé de *trois* membres.

La Banque sera aidée, dans toutes ses affaires de nature contentieuse, par un *Conseil du contentieux*, composé de *six* membres.

Les attributions de chacun de ces conseils, celles de chacun des grands-fonctionnaires, sont déterminées par les articles suivans.

Les grands-fonctionnaires et les membres du Conseil d'administration délibèreront en commun; lorsqu'ils se réuniront aux membres de celui du contrôle, leur réunion prendra la dénomination de *Grand-Conseil*, dans les actes et les résolutions qui en résulteront.

Art. XXIII.

Gouverneur de la Banque.

Le *Gouverneur* de la Banque présidera les assemblées d'administration, leur présentera les objets sur lesquels elles auront à délibérer et fera exécuter leurs décisions ;

Il nommera tous les employés et agens intérieurs, autres que l'*Essayeur-directeur des fontes*, dont il sera parlé ci-après, il dirigera leurs travaux, et pourra les destituer ;

Il fera tous les règlemens particuliers et d'exécution, pour atteindre la régularité des opérations intérieures ;

Il présidera aussi le Grand-Conseil, lorsque celui-ci s'assemblera ;

Il aura voix prépondérante dans ces assemblées, lorsque les opinions se trouveront partagées également entre les membres qui les composeront ;

Il présidera pareillement les assemblées générales, quand même il ne serait pas Actionnaire, les ouvrira en annonçant leur objet, présentera le développement des comptes à y rendre, mettra les propositions aux voix et recueillera les suffrages ;

Il fera convoquer, toutes les fois qu'il le jugera à-propos et de sa pleine autorité, l'Assemblée d'administration, le Grand-Conseil, ou même une Assemblée générale extraordinaire ;

Tous les actes judiciaires et extra-judiciaires, concernant la Banque, seront faits à sa poursuite et diligence, mais au nom générique des Actionnaires ;

Son autorité déterminera, provisoirement et sous sa responsabilité, sur les objets imprévus et à l'égard desquels une prompte décision deviendra nécessaire, à charge de les soumettre à l'approbation de la première Assemblée d'administration, ou du premier Grand-Conseil qui aura lieu ensuite;

Le droit d'inspection et de surveillance générale, qui est attribué aux membres du Conseil du contrôle, lui appartiendra sur-tout, en sa qualité de chef suprême d'administration;

Tous les autres grands-fonctionnaires de la Banque lui seront subordonnés, plus ou moins;

Il jouira d'un traitement, dont le *minimum* sera de *vingt-quatre mille francs*, mais qui sera toujours porté au *millième* du capital des actions émises par la Banque;

Il aura un secrétaire particulier, aux frais de l'Etablissement, et qui sera l'un des secrétaires aux assemblées générales.

Art. XXIV.

Gouverneur-suppléant.

Le *Gouverneur-suppléant* demeurera chargé des soins attribués au Gouverneur et dont ce dernier, d'un commun accord, se déchargera sur lui;

Dans le cas de maladie ou d'absence légitime du Gouverneur, il le suppléera dans ses fonctions et dans l'exercice de toute son autorité; mais s'il n'est Actionnaire de la Banque, le Secrétaire, ou même le Garde des dépôts, présidera l'assemblée générale de préférence à lui, pourvu que ces derniers soient eux-mêmes Actionnaires;

Il ne pourra cependant convoquer d'assemblée générale ;

Il signera tous les documens commerciaux, qui émaneront de la Banque et circuleront dans le public ;

Il aura simple voix délibérative dans les assemblées d'administration et dans le Grand-Conseil, excepté lorsqu'il les présidera dans l'absence du Gouverneur, auquel cas, il aura voix prépondérante ;

Son traitement sera de la moitié de celui du Gouverneur.

Art. XXV.

Secrétaire de la Banque.

Le *Secrétaire* de la Banque sera chargé de tout ce qui concerne les archives de celle-ci ;

Il rédigera les procès-verbaux et les arrêtés des assemblées d'administration et du Grand-Conseil ;

Il aura voix délibérative dans l'une et dans l'autre de ces assemblées ;

Il dirigera la correspondance extérieure ;

Il signera toutes les lettres missives et autres, qui émaneront de la Banque, notamment celles de convocation d'assemblées quelconques, et contre-signera tous les documens commerciaux ;

Il sera chargé, plus particulièrement, de l'inspection des registres tenus à la Banque, et il s'assurera de la régularité ainsi que de l'exactitude de tous les états et de tous les comptes destinés à être présentés, soit aux assemblées d'administration, soit aux assemblées générales;

Il remplira les fonctions de premier secrétaire-rédacteur, dans ces dernières, à moins que les circonstances ne l'appellent à les présider;

Dans le cas de maladie ou d'absence du Gouverneur-suppléant, il remplacera celui-ci dans toutes les fonctions et autorité qui lui sont attribuées par l'article précédent;

Il aura voix prépondérante, lorsqu'il présidera une assemblée quelconque, mais à défaut d'être Actionnaire de la Banque, le Garde des dépôts, qui le serait, présiderait l'assemblée générale de préférence à lui;

Son traitement sera égal à celui du Gouverneur-suppléant.

Art. XXVI.

Garde des Dépôts.

Le *Garde des dépôts* sera spécialement chargé de ce qui concerne le matériel des dépôts de toute espèce faits à la banque, et des effets métalliques qui appartiendront à celle-ci, qui y entreront ou en sortiront;

Il pourvoira, autant qu'il sera en lui, à leur sûreté et conservation, par des moyens qu'il soumettra à l'approbation de l'assemblée d'administration;

Il en répondra dans les cas ordinaires;

Il signera tous les récépissés et documens délivrés

au public, par la Banque, et qui auront rapport à ces objets ;

Il devra être en mesure, dans tous les instans, de rendre un compte clair, exact et satisfaisant, des objets métalliques et autres confiés à sa garde, et à l'égard des métaux précieux, ce compte devra établir les quantités de poids matériel, ainsi que celles de matière fine contenues dans chaque sorte d'espèces monnoyées, de même dans les barres et lingots, tant d'or que d'argent et de chaque titre différent, avec distinction des objets appartenant à la banque, d'avec ceux qui n'y sont qu'en dépôt, enfin le contenu de chaque caveau, chambre et compartiment, devra être désigné en particulier;

Il devra s'assurer que les barres et lingots, tant ceux d'or que ceux d'argent, soient duement estampés au marteau, des initiales et chiffres indicatifs de leur contenu en poids, de leur titre et de leur contenu en matière fine, le tout au *minimum*, et que chacun des sacs, contenant des espèces d'or ou d'argent, soit duement et ineffaçablement étiqueté, avec énonciation de la quantité de pièces qui y sera contenue, de son poids et de son contenu en matière fine, au *minimum*, sans mélange d'espèces différentes et avant que ces barres, lingots ou sacs soient placés dans les lieux destinés à les recevoir;

Les employés nécessaires à ce genre de comptabilité lui seront immédiatement subordonnés;

Il aura voix délibérative dans les assemblées d'administration et dans le Grand Conseil;

Il présidera ces assemblées, dans l'absence du Gouverneur, du Gouverneur-suppléant et du Secrétaire, et il aura alors voix prépondérante.

Dans le cas de maladie, dans celui d'absence légitime, le Grand Conseil d'Administration nommera une personne entre les fonctionnaires de la banque, pour le suppléer provisoirement.

Le traitement du *Garde des dépôts* sera égal à celui du Secrétaire de la Banque.

Art. XXVII.

Restrictions relatives aux Grands-Fonctionnaires.

Ces quatre Grands-fonctionnaires seront élus par l'assemblée générale des Actionnaires et à la majorité absolue des suffrages; le vœu des trois-quarts, au moins, des membres de cette assemblée, sera nécessaire pour prononcer leur destitution.

Ils exerceront leurs fonctions à perpétuité; mais, pour cela, ils devront être détachés de tout autre soin.

Ils ne pourront être intéressés, directement ni indirectement, dans aucune maison de commerce ou de banque, manufacture, spéculation commerciale, ni entreprise de fourniture ou d'autre genre; non plus que se charger d'aucune gestion ou administration étrangère à leur mission principale. Ils n'auront, hors de la Banque, d'autres affaires d'intérêt, de leur choix, que celle du placement pur et simple de leurs fonds, la perception de leurs revenus quelconques, celles nécessitées par des successions, alliances, ou autres circonstances semblables ; enfin ils devront, au besoin, consacrer tous leurs momens au soin des affaires de la banque, auxquelles ils seront entièrement dévoués. Il leur est interdit, sur-tout, de se livrer à aucun jeu de fonds publics, de loterie ou d'autre espèce, ou d'y être intéressés sous aucun rapport.

Outre les traitemens qui leur sont assignés, ils seront logés gratuitement et convenablement, dans le local affecté à la banque.

Ils ne sont pas tenus d'en être Actionnaires ; mais si le Gouverneur-suppléant, le Secrétaire ou le Garde des dépôts ne le sont, ils n'auront que voix consultative dans les assemblées générales.

Art. XXVIII.

Essayeur - Directeur des fontes.

Indépendamment des *quatre* grands-fonctionnaires, il sera encore attaché à la banque un fonctionnaire, non administrateur, lequel aura voix consultative dans les assemblées d'administration, lorsqu'il y sera appelé, pour l'éclairer sur des objets relatifs à ses attributions. Ce fonctionnaire, *l'essayeur-directeur des fontes*, sera nommé par l'assemblée générale des Actionnaires et à la majorité absolue des suffrages, sur la présentation des *quatre* grands-fonctionnaires réunis ; il restera en fonction au même titre que ces derniers ; son traitement sera fixé par ladite assemblée ; il pourra être logé dans le local de la Banque, sans que cette condition soit de rigueur ; l'assemblée d'administration le remplacera provisoirement, lorsqu'il y aura lieu.

ART. XXIX.

Membres du Conseil d'administration.

Les *douze* membres du *Conseil d'administration* seront choisis dans le nombre des Actionnaires ayant voix délibérative dans les assemblées générales ;

Ils y seront élus à la majorité relative des voix;

Quatre d'entr'eux seront remplacés chaque année, leur sortie aura lieu par ordre d'ancienneté, mais le sort en décidera pour les deux premières ;

Ils ne pourront être réélus qu'après une année, au moins, d'interruption dans l'exercice de leurs fonctions ;

Le vœu des trois quarts, au moins, des membres de l'assemblée générale, sera nécessaire pour prononcer leur destitution ;

Ils se partageront, d'un commun accord, la direction des diverses branches de l'administration, et chacun d'eux signera les documens relatifs à celles de ces branches dont il sera chargé ;

Ils se réuniront aux Grands-fonctionnaires, en assemblée d'administration, à jours et heures indiqués ;

Quatre membres, au moins, de ce Conseil seront constamment en exercice ;

Ils exerceront leurs fonctions gratuitement, sauf le droit de présence.

Art. XXX.

Assemblée d'administration.

L'assemblée d'administration, composée des Grands-fonctionnaires et de ceux des membres du Conseil d'administration en exercice, se réunira à un ou plusieurs jours marqués de chaque semaine;

Elle sera nécessairement présidée par un Grand-fonctionnaire;

Le secrétaire particulier du gouverneur y assistera, s'il se peut, et y remplira les fonctions de secrétaire, sans y avoir voix délibérative;

Elle s'occupera des objets qui seront soumis à sa décision par le gouverneur, et de ceux qui pourront être proposés par les membres du Conseil du contrôle;

Elle déterminera le nombre des employés, leurs traitemens, ainsi que les gratifications qui seront distribuées annuellement entr'eux, mais dont la totalité ne pourra excéder la *vingtième* partie des traitemens de tous ces employés;

Elle consentira et règlera les autres dépenses générales de l'établissement, ainsi que la distribution des médailles, pour droit de présence de ses membres et de ceux du Conseil du contrôle;

Elle nommera et révoquera les agens extérieurs de la Banque;

Elle pourra convoquer une assemblée générale des Actionnaires, lorsqu'elle le jugera nécessaire;

Elle fera remplacer, provisoirement, les Grands-fonctionnaires dont les places viendraient à vaquer ;

Il sera tenu registre de ses délibérations;

Elle pourra s'ajourner, être convoquée extraordinairement, soit dans la totalité de ses membres, ou seulement dans ceux qui seront en exercice.

Art. XXXI.

Membres du Conseil du Contrôle.

Les *trois* membres du *Conseil du contrôle* seront choisis, indistinctement, entre tous les citoyens commerçans, ou l'ayant été, qui se trouveront domiciliés à Paris ;

Ils seront élus à la majorité relative des suffrages, par l'assemblée générale des Actionnaires ;

Chaque année, l'un d'entr'eux sera remplacé, le sort déterminera le membre sortant, pour chacune des deux premières années, ils sortiront après cela par ordre d'ancienneté ;

Ils seront rééligibles sans interruption ;

Le vœu des trois quarts, au moins, des membres de l'assemblée générale, sera nécessaire pour prononcer leur destitution ;

Ils veilleront, en tout temps, au maintien de ce qui est prescrit par l'acte social et constitutionnel de la Banque, ils surveilleront l'exécution de ses statuts, ainsi que des réglemens auxquels ce conseil aura coopéré ;

Ils n'auront de voix délibérative, dans les assem-

blées

blées d'administration, que lorsqu'ils se réuniront à ses membres en Grand-Conseil; ils y assisteront d'ailleurs quand ils le jugeront convenable, y proposeront leurs observations, sur lesquelles l'Assemblée d'administration délibérera;

Leur mission a sur-tout pour objet de donner au public une garantie morale de plus; en conséquence ils pourront, toutes les fois qu'ils le jugeront à propos, inspecter et vérifier les dépôts et les registres;

Ils pourront, de leur propre autorité, requérir la convocation d'une assemblée générale extraordinaire, pour des motifs déterminés;

Les comptes et états seront soumis à leur examen et approbation, avant d'être présentés à l'assemblée-générale des Actionnaires;

Ils feront, lorsqu'il y aura lieu, leur rapport particulier à cette assemblée;

Ils exercent leurs fonctions gratuitement; sauf le droit de présence.

Art. XXXII.

Grand-Conseil d'administration.

Le *Grand-Conseil d'administration* s'assemblera toutes les fois qu'il y aura à délibérer sur des réglemens concernant les rapports entre le public et la Banque, autres que les règlemens relatifs à l'ordre intérieur et dont le soin est confié au Gouverneur; il s'assemblera encore, à toute réquisition de l'un ou de l'autre conseil, pour des objets à l'égard desquels leur réunion sera jugée utile ou nécessaire.

Art. XXXIII.

Conseil du Contentieux.

Les *six* membres du *Conseil du Contentieux* se composeront de notaires, jurisconsultes, défenseurs, avoués près des tribunaux et autres agens utiles, qui s'occuperont, séparément ou réunis selon le besoin, des affaires de nature contentieuse qui surviendront à la Banque;

Ils devront se réunir dans son local, pour délibérer, lorsqu'ils en seront requis par l'administration, ou par le Gouverneur;

Ils jugeront la validité des titres de propriété présentés par les Actionnaires de la Banque, ou par les personnes qui aspireront à le devenir, ils vérifieront ou évalueront les revenus nets des propriétés dont il sera question;

Chacun d'eux, selon sa profession et capacité, dressera les actes, mémoires, consultations, et fera les autres travaux qu'exigeront les intérêts de la Banque, enfin défendra les droits de celle-ci devant les tribunaux;

Il leur sera attribué des honoraires fixes et annuels, qui seront déterminés par l'assemblée générale;

Cette assemblée les nommera à la majorité absolue des voix, sur la présentation d'une liste double par le Gouverneur;

Ils resteront en fonction jusqu'à révocation, à la majorité des trois-quarts, au moins, des voix de l'assemblée générale.

Art. XXXIV.

Restriction au prêt des fonds de la Banque.

La Banque ne se dessaisira jamais d'aucune partie de ses fonds, à titre de prêt, en faveur d'aucun particulier, d'aucune société ou corps moral, quel qu'il soit; excepté dans le cas prévu par l'article *premier*. Les quatre Grands-Fonctionnaires seront, individuellement, solidairement et en tout temps responsables de l'observance rigoureuse de cette clause.

Art. XXXV.

Amortissement de l'immeuble.

Lorsque la Banque aura fait acquisition de l'immeuble mentionné dans l'article VI, il sera procédé à l'amortissement du prix qu'il aura coûté, ensemble des dépenses accesssoires et du prix du mobilier qui en dépendra; le tout de la manière suivante:

Il sera ouvert un compte, lequel sera débité du prix coûtant de l'immeuble, des dépenses accessoires qui y auront rapport, des frais de réparation et de construction nécessaires, enfin du mobilier de toute espèce;

L'état de ce compte, qui ne sera chargé d'aucun intérêt, déterminera, à la fin de chaque année ou de chaque semestre selon les dispositions de l'article XVII, la part afférente à chacune des actions, dans la propriété de l'immeuble et du mobilier;

Le nombre des Actionnaires venant à augmenter

successivement, il sera ensuite prélevé, sur la part des bénéfices qui échoira aux survenans, la somme nécessaire pour égaliser les avances de tous les Actionnaires, relativement à ces objets, et ce, jusqu'à ce que le capital de la Banque soit complété, alors la propriété leur appartiendra collectivement et à perpétuité.

Les contributions publiques, auxquelles l'établissement se trouvera assujetti, soit pour raison de l'immeuble ou pour tout autre objet, seront portées en compte des dépenses générales.

Art. XXXVI.

Compte annuel et partage des bénéfices.

Il sera fait, chaque année ou chaque semestre, conformément aux dispositions de l'article XVII, un inventaire des fonds appartenans à la société; et les bénéfices, déduction faite des dépenses générales, seront répartis ainsi qu'il suit :

Il sera prélevé, pendant l'espace de *trente années* sucessives, à compter du jour auquel la Banque sera entrée en activité et dans tous les cas possibles, une prime de *cinq* pour *cent*, sur le montant de ces bénéfices nets, en faveur du cit. *François Corbaux Junior*, ses héritiers, cessionnaires ou ayant-cause, pour raison de ce qu'il est l'auteur et le propriétaire primitif de l'établissement aujourd'hui formé de la *Stéréo-Banque*, et d'après toutes les considérations qui en dépendent.

Il sera encore prélevé, sur ces mêmes bénéfices

nets et pendant le même espace de *trente années*, une autre prime de *cinq* pour *cent*, dont moitié sera appliquée aux *quatre cents* premières actions souscrites et à l'égard desquelles toutes les conditions attachées à ces souscriptions auront été remplies ; l'autre moitié sera également appliquée aux *huit cents* actions souscrites immédiatement après les premières, aux mêmes conditions. Cette prime a pour première cause et motif, l'indemnité justement due aux *Actionnaires-fondateurs*, dont le dévouement aura déterminé la confiance des autres Actionnaires et celle du public ; en second lieu, de les dédommager de leurs avances primitives et des risques attachés au commencement d'un établissement, dont le succès pourrait être contrarié par des circonstances imprévues.

Sur les *quatre-vingt-dix* pour *cent*, ou *neuf dixièmes* restans des bénéfices nets, il sera réservé le montant du débet du compte qui constatera le coût de l'immeuble servant de local à la Banque, ses dépendances et mobilier ; enfin le restant sera partagé entre tous les Actionnaires, au *prorata* du nombre d'actions dont chacun d'eux sera propriétaire reconnu, et ils seront inscrits en Banque, chacun pour sa quote part.

Lors de chaque partage, cependant, la part afférente à chaque action, dans les bénéfices subséquens, demeurera hypothéquée à la part correspondante des risques d'assurance dont le sort serait encore indéterminé à cette époque ; et ces bénéfices se balanceront ensuite, chaque année ou chaque semestre, avec les pertes que la Banque pourrait avoir à rembourser, pour cause de primes perçues antérieurement.

Art. XXXVII.

Transport des droits des fondateurs.

Les primes afférentes aux *douze cents* premières actions seront transmissibles, avec ou sans la propriété de ces actions; le droit d'en toucher le montant sera censé être transmis aux cessionnaires des actions, lorsque les propriétaires originels n'auront fait aucune réserve à cet égard.

Art. XXXVIII.

Droit de mutation des fonds à la Banque.

La Banque percevra un droit modique, à chaque mutation de fonds dans ses mains, effectuée par voie de transfert sur ses registres; ce droit sera prélevé sur le montant du crédit du compte de chaque particulier, lorsque la Banque ne s'acquittera pas avec lui par un déplacement réel de ses métaux; sa quotité sera réglée par un article des statuts.

Art. XXXIX.

Précaution contre l'incendie.

Les registres de la Banque, tant ceux relatifs à sa comptabilité générale, que ceux relatifs à sa comptabilité particulière avec les personnes qui auront des comptes ouverts chez elle, seront tenus *doubles* et devront être constamment *à jour ;* l'un des doubles, de chacun de ces registres, sera transporté tous les soirs dans la maison du contrôleur en exercice, afin de prévenir les conséquences d'une incendie à la Banque.

ART. XL.

Invariabilité des articles de l'acte social.

Hors le vœu unanime et authentiquement manifesté de tous les Actionnaires, sans exception, aucun des articles du présent acte social et constitutionnel de la Banque ne pourra être changé, modifié, ni annullé, par aucun motif ou considération.

ART. XLI et dernier.

Authenticité de l'acte social.

Toutes les conditions énoncées par les *quarante* articles ci-dessus, sont expresses et de rigueur, sans lesquelles l'association n'aurait pas eu lieu ; et pour leur donner l'authenticité nécessaire, le présent acte sera déposé chez le citoyen *Silly*, notaire, et sera publié au tribunal de commerce, ainsi qu'annoncé dans les papiers publics ou, autrement, par la voie de l'impression. Il formera acte d'union entre les Actionnaires et fera loi entre l'établissement et les tiers-intéressés, qui, au moyen de l'entière publicité, ne pourront prétendre en avoir ignoré les dispositions. Tout Actionnaire survenant, après la clôture de cet acte, déclarera adhérer, purement et simplement, à tout son contenu.

Fait *triple* et paraphé sur chaque feuillet : une copie, pour être déposée chez le citoyen *Silly*, notaire ; une autre, pour l'être au greffe du tribunal de commerce, et la troisième aux archives de la Banque.

A Paris, ce. . . . . . . etc. etc.

PROJET
DE
STATUTS-ORGANIQUES,

Relatifs aux opérations monétaires de la Banque.

ARTICLE I.er

LA Banque recevra, définitivement, les matières d'argent, en barres et lingots, qui y seront apportés ; et elle donnera crédit à leurs propriétaires, à raison des taux ci-après :

Pour des barres et lingots, depuis le titre du fin absolu, jusqu'à celui de 950 *milliemes* exclusivement ; par chaque *kilogramme* d'argent fin qui y sera contenu. . . . . 222 fr. 22 c.

Pour des barres et lingots, depuis le titre de 950 *milliemes*, inclusivement, jusqu'à celui de 925 *milliemes* inclusivement ; par chaque *kilogramme* d'argent fin. . . . . 221 fr. 77 c.

Pour des barres et lingots, depuis

le titre de 925 *millièmes* exclusivement, jusqu'à celui de 900 *milliemes* inclusivement ; par chaque *kilogramme* d'argent fin . . . . 221 fr. 11 c.

Pour des barres et lingots, depuis le titre de 900 *milliemes* exclusivement, jusqu'à celui de 875 *milliemes* exclusivement ; par chaque *kilogramme* d'argent fin . . . . 215 fr. 55 c.

Pour des barres et lingots, depuis le titre de 875 *milliemes* inclusivement, jusqu'à celui de 830 *milliemes* inclusivement ; par chaque *kilogramme* d'argent fin . . . . 214 fr. 44 c.

Pour des barres et lingots, depuis le titre de 830 *milliemes* exclusivement, jusqu'à celui de 750 *milliemes* exclusivement; par chaque *kilogramme* d'argent fin . . . . 212 fr. 77 c.

Pour des barres et lingots, depuis le titre de 750 *milliemes* inclusivement, jusqu'à celui de 660 *milliemes* inclusivement; par chaque *kilogramme* d'argent fin. . . . . 210 fr. »

ART. II.

La banque recevra, définitivement, les matières d'argent, sous forme de vaisselle, ainsi que les jetons et diverses espèces monnoyées de ce métal, qui y seront apportés; et elle donnera crédit à leurs propriétaires, à raison des taux ci-après :

Pour des pièces fines de *Lunebourg*, considérées comme argent à 990 *milliemes* ; par chaque *kilogramme* de poids . . . . 219 fr. 45 c.

Pour des *jetons* de *France*, anciens, ainsi que pour de l'argenterie et de la vaisselle plate non soudée, à l'ancien poinçon de Paris ; le tout réputé à 11 den. 10 gr., ancien titre, et considéré ici comme argent à 950 *milliemes ;* par chaque *kilogramme* de poids . . . 210 fr. 13 c.

Pour des *jetons* de *France*, ainsi que pour de l'argenterie et de la vaisselle plate non soudée, au nouveau poinçon de la République et réputés au titre de 950 *milliemes*, sauf le remède, suivant la loi du 19 brumaire an VI ; pour des vieux *ducatons* de *Savoie* ; le tout considéré ici comme argent à 945 *milliemes ;* par chaque *kilogramme* de poids . . . . 209 fr.

Pour de la vaisselle plate soudée et de la vaisselle montée, à l'ancien poinçon de Paris ; pour des *philippes* de *Milan* ; le tout considéré ici comme argent à 940 *milliemes ;* par chaque *kilogramme* de poids. . . . . 207 fr. 90 c.

Pour de la vaisselle plate soudée et de la vaisselle montée, au nouveau poinçon de la République et réputés au titre de 950 *milliemes*, sauf le remède et suivant la loi précitée; pour des pièces fines de *Saxe;* pour des *ducatons* de *Hollande*; le tout considéré ici comme argent à 937 ½ *milliemes*; par chaque *kilogramme* de poids. . . . . 207 fr. 36 c.

Pour de la vaisselle d'*Angleterre*; pour des *couronnes* et des *demi-couronnes* seulement, du même pays; le tout considéré ici comme argent à 920 *milliemes*; par chaque *kilogramme* de poids . . . . 202 fr. 87 c.

Pour des pièces de 3 *florins* de *Hollande*, considérées ici comme argent à 915 *milliemes*; par chaque *kilogramme* de poids. . . . . . 201 fr. 76 c.

Pour des anciens *écus* de *France*, de 8, de 9 et 10 pièces au *marc*; pour des gros *écus* et *ducatons* de *Venise;* pour des vieux *écus* de *Piémont*; pour des vieilles *cruzades* de *Portugal*, de 1706 et 1707; pour des *écus* de *Rome*; le tout considéré ici comme argent à 910 *milliemes*; par chaque *kilogramme* de poids . . . . 200 fr. 66 c.

Pour des *écus* de *France*, de 1724, de 10 ⅜ au *marc*; pour ceux depuis 1726 inclusivement, de 8 $\frac{3}{10}$ au *marc* et pour leurs dérivés; pour des *piastres d'Espagne*, depuis 1728 jusqu'à 1772 exclusivement; pour des *ducatons* de

Liége; pour des *florins* de *Hollande*; le tout considéré ici comme argent à 906 *milliemes* ; par chaque *kilogramme* de poids . . . . 199 fr. 77 c.

Pour des nouvelles pièces de *France*, monnoyées en exécution de la loi du . . . . , présente année, et considérées ici comme argent à 898 *milliemes* ; par chaque *kilogramme* de poids . . . . 198 fr. »

Pour des pièces de *cinq francs*, monnoyées en exécution de la loi du 28 thermidor an 3 et considérées comme argent à 895 *milliemes* ; par chaque *kilogramme* de poids. . . 195 fr. 67 c.

Pour des *piastres* d'*Espagne*, depuis l'année 1772 inclusivement, considérées ici comme argent à 894 *milliemes ;* par chaque *kilogramme* de poids. . . . . 193 fr. 80 c.

Pour des *ducatons* de *Rome*, d'*Innocent XI*, de *Clément XI* et d'*Innocent XII ;* pour des *écus* de *Bologne*, de fabrication antérieure à l'année 1778 ; pour des *écus* de *Piémont*, depuis 1755 inclusivement ; le tout considéré ici comme argent à 898 *milliemes ;* par chaque *kilogramme* de poids. . . . . 193 fr. »

Pour des *cruzades* de *Portugal*, depuis 1748 inclusivement, considérées ici comme argent à 895 *milliemes* ; par chaque *kilogramme* de poids . . 192 fr. 36 c.

Pour des *rixdalles*, argent vieux de *constitution* de l'empire d'*Allemagne* ; pour celles de *Hanovre* en particulier ; le tout considéré ici comme argent à 877 ½ *milliemes* ; par chaque *kilogramme* de poids. . . . . 188 fr. 59 c.

Pour des *rixdalles* dites *d'espèce*, de *Danemarck*, depuis 1776 inclusivement ; pour celles de *Hambourg*, de même dénomination ; le tout considéré ici comme argent à 875 *milliemes* ; par chaque *kilogramme* de poids. . . 187 fr. 8 c.

Pour des *rixdalles* de *Suède* ; pour des *ducatons* de *Brabant*, de la fabrication commencée en 1749 ; pour des *couronnes* ou *écus* du même pays, de la fabrication commencée en 1755 ; le tout considéré ici comme argent à 870 *milliemes* ; par chaque *kilogramme* de poids . . . . 186 fr. »

Pour des *rixdalles* de *Hollande*, de la fabrication commencée en 1760 et considérées ici comme argent à 868 *milliemes* ; par chaque *kilogramme* de poids . . . . 185 fr. 58 c.

Pour des *patagons* de *Liège*, considérés ici comme argent à 855 *milliemes* ; par chaque *kilogramme* de poids. 182 fr. 79 c.

Pour des *patagons* de *Genève*, depuis l'année 1722 inclusivement et considérés ici comme argent à 832 ½ *milliemes;* par chaque *kilogramme* de poids. . . . . 177 fr. 97 c.

Pour des *rixdalles*, dites argent de *convention*, de l'empire d'*Allemagne*, dont la fabrication a commencé en 1753, et pour les dérivés de ces pièces, au même titre; pour des *écus* ou *onces* de *Malte*; le tout considéré ici comme argent à 825 *milliemes;* par chaque *kilogramme* de poids. . . 175 fr. »

Pour des *rixdalles*, argent courant de *Prusse*; pour des pièces de *deux* et d'*un marc*, argent courant de *Hambourg*; le tout considéré ici comme argent à 750 *milliemes*; par chaque *kilogramme* de poids. . . . . 157 fr. »

Pour des pièces de *trente sols* et de *quinze sols* de *France*, monnoyées en exécution des lois du 11 juillet et du 14 août 1791, considérées ici comme argent à 660 *milliemes;* par chaque *kilogramme* de poids. . . . . 138 fr. »

Art. III.

La Banque recevra, définitivement, l'or en lingots, pour lequel elle donnera crédit à ceux qui l'auront versé, à raison des taux ci-après :

Pour des lingots, depuis le titre du fin absolu, jusqu'à celui de 920 *mil-*

liemes inclusivement; par chaque *hectogramme* d'or fin qui y sera contenu. 333 fr. 33 c.

Pour des lingots, depuis le titre de 920 *milliemes* exclusivement, jusqu'à celui de 900 *milliemes* inclusivement; par chaque *hectogramme* d'or fin. . 331 fr. 66 c.

Pour des lingots, depuis le titre de 900 *milliemes* exclusivement, jusqu'à celui de 833 *milliemes* exclusivement; par chaque *hectogramme* d'or fin. . 327 fr. 50 c.

Pour des lingots, depuis le titre de 833 *millièmes* inclusivement, jusqu'à celui de 750 *millièmes* inclusivement; par chaque *hectogramme* d'or fin. . . . . 325 fr.

Art. IV.

La Banque recevra, définitivement, les matières d'or, sous forme de vaisselle ou autrement mises en œuvre, ainsi que les diverses espèces monnoyées de ce métal; et elle donnera crédit à ceux qui auront versé ces matières, ou espèces, à raison des taux ci-après :

Pour des *sequins* fins de *Turquie*, de *Venise*, de *Gênes*, de *Milan* et de *Modène;* pour ceux de *Rome*, sauf essai; pour des *sequins* et des *rusponi* de *Toscane;* le tout considéré ici comme or à 995 *milliemes*; par chaque *hectogramme* de poids . . . . . . 330 fr. «

Pour des *sequins* de *Piémont*, dits

à

à l'*Annonciade ;* pour des vieilles pièces fines de *Portugal* (du poids de 30 *grammes* environ); pour des ducats de *Kremnitz ;* le tout considéré ici comme or à 989 *milliemes ;* par chaque *hectogramme* de poids . . . 328 fr.

Pour des *ducats* de *Hollande* et pour tous ceux *d'Allemagne*, dits *ad legem imperii*, considérés comme or à 982 *milliemes* ½ ; par chaque *hectogramme* de poids. . . . . . . 325 fr. 83 c.

Pour des *ducats* de *Suède*, de *Pologne*, et *ducats* fins de *Danemarck ;* tous considérés ici comme or à 975 *milliemes ;* par chaque *hectogramme* de poids . . . . 323 fr. 33 c.

Pour des *ducats* de *Russie*, considérés comme or à 968 *milliemes*, sauf essai ; par chaque *hectogramme* de poids . . . . 321 fr.

Pour des *souverains* d'*Autriche* et des *Pays-Bas ;* pour des *ryders* de *Hollande ;* pour des nouvelles *genovines* de *Gênes*, depuis 1762 ; pour des monnaies d'or de *Portugal*, de toutes fabrications, excepté les petites pièces de 480 *rés*, qui ne seront reçues qu'avec une quantité au moins égale des autres monnaies ; pour des *guinées* d'*Angleterre ;* pour des monnaies d'*Espagne*, de fabrication antérieure à l'année 1772 ; pour des vieilles *pistoles* de *Toscane ;* pour des *pistoles* de *Rome* et de *Genève* ; pour des *impériales* de *Russie*, jusqu'à celles de Paul I.er, inclusivement ; le tout considéré ici comme or à 913 *milliemes ;* par chaque *hectogramme* de poids : 301 fr. 15 c.

Pour des pièces d'or de *France*, de toutes fabrications, depuis 1640 jusqu'à 1723 exclusivement ; pour des *roupies* du *Mogol*, sauf essai ; pour de la vaisselle marquée des trois poinçons de Paris ; le tout considéré comme or à 906 *milliemes ;* par chaque *hectogramme* de poids. . . . . 298 fr. 82 c.

Pour des *pistoles* du *Piémont*, de toutes fabrications, depuis 1741 inclusivement ; pour des *pistoles* de *Gênes ;* pour celles d'*Espagne*, leurs multiples et dérivées, depuis l'année 1772 inclusivement ; pour celles de *Milan*, de *Modène*, de *Parme* et de *Plaisance ;* pour des *frédéricks* de *Prusse*, des *carls* de *Brunswick*, des *georges* de *Hanovre ;* pour des monnaies royales de *France*, de toutes fabrications, depuis 1723 inclusivement ; le tout considéré ici comme or à 901 *milliemes ;* par chaque *hectogramme* de poids : 297 fr. 16 c.

Pour des pièces d'or de *France* et du *Consulat de Bonaparte ;* considérées ici comme or à 898 *milliemes;* par chaque *hectogramme* de poids . . . 296 fr. 16 c.

Pour des vieilles *pistoles* du *Piémont,* depuis 1682 inclusivement, jusqu'à 1741 exclusivement, et considérées ici comme or à 898 *milliemes;* par chaque *hectogramme* de poids : . 292 fr 43 c.

Pour des *augustes* de *Saxe* et des *adolphes* de *Suède*, considerés ici comme or à 895 *milliemes;* par chaque *hectogramme* de poids. . . 291 fr. 45 c.

Pour des *ducats* courans de *Danemarck;* pour des monnaies de *Naples*, de toutes dénominations, sauf essai; le tout considéré ici comme or à 877 ½ *milliemes*; par chaque *hectogramme* de poids . . . . 285 fr. 72 c.

Pour des *onces* de *Sicile*; pour des *onces* et *louis* de *Malte;* le tout considéré ici comme or à 842 ½ *milliemes*; par chaque *hectogramme* de poids . . 273 fr. 25 c.

Pour des *pagodes* des *Indes*, au croissant, considérées ici comme or à 810 *milliemes*, sauf essai; par chaque *hectogramme* de poids . . . . . 261 fr. 59 c.

Pour des *pagodes* des *Indes*, à l'étoile; pour des *zermahbouds*, des *nisfiés* et des *roubbiés* de *Turquie;* le tout considéré ici comme or à 800 *milliemes*, sauf essai; par chaque *hectogramme* de poids : . . . . . 258 fr. 33 c.

Pour des *florins* d'or de *Hanovre*, considérés ici comme or à 780 *milliemes*; par chaque *hectogramme* de poids . . . . 251 fr. 84 c.

Pour des *florins* d'or, du *Rhin* et de *Hesse-Darmstadt*, considérés ici comme or à 775 *miliemes*; par chaque *hectogramme* de poids : . . 250 fr. 20 c.

Pour des *carolins* de *Baviere* et leurs dérivés, considérés ici comme or à 765 *milliemes*; par chaque *hectogramme* de poids . . . . 246 fr. 96 c.

Pour d'autres *florins* d'or d'*Allemagne*, dits *de convention*, et pour leurs multiples; pour des *florins* de *Bade-Dourlach*; le tout considéré ici comme or à 760 *milliemes*; par chaque *hectogramme* de poids . . . . 245 fr. 33 c.

Pour de la bijouterie d'or, marquée des trois poinçons de Paris, considérée comme or à 747 *milliemes*, sauf essai; par chaque *hectogramme* de poids . . . . 241 fr. 11 c.

Art. V.

Lorsqu'il y aura quelque doute sur les titres des matières ou espèces qui sont désignées dans les articles précédens, il sera procédé, préalablement à leur admission, à l'essai d'une partie des pièces présentées, et le terme moyen d'essai devra rendre au moins les titres indiqués ci-dessus; autrement le tout sera refusé.

Art. VI.

La Banque recevra aussi, à titre de dépôt, toutes les matières et espèces, tant d'or que d'argent et qui sont désignées dans les articles précédens; elle donnera crédit aux dépositaires, de toute la valeur de ces objets, aux mêmes taux que si elle les recevait définitivement, mais avec la retenue d'un droit de garde dont il sera parlé ci-après. Le dépôt sera constaté par un récépissé délivré au dépositaire; ce récépissé sera valable pour trois mois seulement et sera transmissible par la voie de l'endossement. Si, durant cet intervalle de temps, personne ne se présente pour retirer le dépôt intégral, au moyen du rétablissement de la somme qui aura été avancée par la Banque; ou si le dépôt n'est pas renouvellé, au moyen de l'acquit du droit de garde pour les trois mois suivans, les objets demeureront définitivement acquis à la Banque et deviendront pour elle des objets commerçables.

Art. VII.

Le droit de garde, pour trois mois et au-dessous, sur les matières et espèces, tant d'or que d'argent, déposées à la Banque, est réglé ainsi qu'il suit :

Sur les monnaies d'argent, de France, fabriquées en exécution de la loi du . . . . an XI, *demi* pour *cent.*

N. B. Ce droit sera réduit à un *quart* pour *cent*, et les autres le seront aussi, plus ou moins, aussitôt qu'il n'y aura plus à craindre qu'il s'établisse, au détriment de la Banque et dès le commencement de son existence, des spéculations fondées sur l'exiguïté des taux d'intérêt auxquels elle veut prétendre.

Sur les pièces de *cinq francs*, fabriquées en exécution de la loi du 28 thermidor an III, ainsi que sur les *piastres d'Espagne*. . . *cinq-huitiemes* pour *cent*.

Sur toutes les autres monnaies d'argent. . . . . *trois-quarts* pour *cent*.

Sur les barres et lingots d'argent. . . . . *sept-huitiemes* pour *cent*.

Sur toute vaisselle d'argent; sur le vermeil. . . . . *un* pour *cent*.

Sur les monnaies d'or de France, fabriquées en exécution de la loi du. . . . . an XI . . . . *trois-quarts* pour *cent*.

Sur toutes les autres monnaies d'or. . . . . *sept-huitiemes* pour *cent*.

Sur l'or en lingots . . . . *un* pour *cent*.

Sur toute vaisselle d'or et bijouterie . . . . *un* et *un-quart* pour *cent*.

Art. VIII.

La Banque se charge encore de garder tous dépôts précieux, mais sans inscription de leur valeur, moyennant un droit *d'un-huitième* pour *cent* sur cette valeur estimée de gré à gré, pour tout le temps qu'ils pourront rester à la Banque, qui en demeurera responsable. Si les objets déposés n'étaient pas encore réclamés, à l'expiration de *trente ans*, le récépissé qui en aura été donné deviendra nul, et ces objets seront convertis en valeur numéraire, dont les *neuf-dixiemes* seront appliqués à des actes de bienfaisance, au choix de l'administration de la Banque, et l'autre *dixieme* du produit demeurera acquis à l'établissement, pour l'indemniser de sa responsabilité jusqu'alors.

Art. IX.

La Banque ne recevra, à titre définitif ni à titre de dépôt, aucune quantité d'or au-dessous d'*un hectogramme* de matière fine, non plus qu'aucune quantité d'argent au-dessous d'un *kilogramme* de matière fine; elle fera, de chaque sorte, tant de lingots que d'espèces ou de matière ouvrée, l'objet d'une opération distincte. Le droit auquel seront assujettis les objets déposés, sans inscription de leur valeur, ne sera jamais au-dessous de 2 francs 50 centimes.

Art. X.

Il sera établi à la Banque une caisse, dite *du courant*, pour payer, en *argent courant* de France, les objets minutieux et autres qui ne pourraient être convenablement l'objet d'un transfert *d'argent Stéréo-Banco*, ainsi que pour solder les appoints. La même caisse recevra les droits, primes et autres objets, dont la valeur sera au-dessous de celle d'un *kilogramme d'argent fin*, ainsi que les appoints des recettes plus considérables.

Art. XI.

La *Caisse du courant* ne recevra aucune somme, pour prime d'assurance, pour droit de prêt sur marchandises, pour appoints ou autrement, qu'à charge de *demi* pour *cent*, pour la conversion en *monnaie Stéréo-Banco* ; elle ne recevra de monnaie de cuivre que pour les menus appoints, qui ne pourraient être autrement réalisés ; elle donnera cependant *au pair*, dans les appoints, les nouvelles monnaies de France établies par la loi du. . . . . . présente année ; enfin elle ne recevra, ni ne donnera en paiement aucune autre monnaie d'argent, aucune monnaie de billon ou de cuivre, non plus qu'aucune monnaie d'or que ce soit.

Art. XII.

Les administrateurs de la Banque sont autorisés à acheter, soit en France, soit dans l'étranger, et toujours pour le compte de la Banque, des matières d'or et d'argent, ainsi que toutes sortes d'espèces monnoyées, toutes les fois que l'état du change présentera de l'avantage à le faire ; ils ne pourront toutefois faire inscrire en banque que le montant des objets métalliques dont elle serait déjà nantie, et cela après les vérifications et essais préalables, conformément aux réglemens.

Art. XIII.

La Banque n'acceptera jamais de mandats ni de

traites faites sur elle à terme ; elle ne paiera que des traites ou mandats à *vue*, pour objets déterminés ci-dessus, lorsqu'il y aura lieu. Ces paiemens consisteront en inscriptions en banque, au crédit des porteurs des traites ou mandats.

Art. XIV.

Les sommes inscrites en banque, au crédit d'un particulier, ou de plusieurs en nom collectif, ne pourront être transférées au crédit d'un autre particulier, ou de divers particuliers en nom collectif, qu'à charge d'un droit, qui est réglé pour le présent à *un-seizième* pour *cent*. Ce droit ne sera pas perçu, lorsque la Banque s'acquittera par un déplacement réel de ses métaux.

Bases des tarifs, pour l'admission, à la Banque, des matières et espèces tant d'or que d'argent.

Le rapport général de valeur, de l'or à l'argent, est établi dans la Banque comme 15 à 1 ; ce rapport est considéré dans ces métaux alliés, tant l'un que l'autre, au titre de 900 *milliemes*.

Le rapport le plus élevé, qui ait lieu en Europe, est celui établi dans les monnaies d'Espagne ; il est de $15\frac{5}{6}$ à 1. Ce rapport se réduit à celui de $15\frac{1}{4}$ à 1, lorsqu'on fait venir, d'Espagne à Paris, de l'or et de l'argent ; à cause des droits et des frais plus considérables sur ce dernier métal, auxquels il ne peut échapper à raison de son volume.

Le rapport de valeur de l'or à l'argent est comme 15 $\frac{1}{5}$ à 1, dans les monnaies d'Angleterre ; et il y est constamment au-dessous de ce taux, dans la valeur vénale et commerciale de ces métaux.

Dans l'argent courant de Hollande, ce rapport n'est que comme 14 $\frac{5}{6}$ à 1 ; et il est encore plus bas dans l'argent de banque d'Amsterdam.

Dans la Belgique, il était comme 15 $\frac{1}{16}$ à 1, considéré dans les *souverains*, d'une part, et dans les *couronnes*, les *ducatons* et les *écus* de France, de l'autre part.

La France étant située au centre de ces différens Etats, l'on ne pourrait recevoir, dans la *Stéréo-Banque* projetée, une quantité déterminée d'or, à plus de 15 fois le prix de la même quantité de poids d'argent, sans avoir à craindre d'être surchargés du premier de ces métaux, en échange du second, le seul dans lequel la Banque puisse s'acquitter légitimement.

La réserve de *demi* pour *cent* est toujours faite en faveur de la Banque, lors de l'admission des matières et des espèces, d'après l'évaluation déjà indiquée de 4 $\frac{1}{2}$ grammes d'argent fin par *franc-Stéréo-Banco ;* cette différence est constante, entre l'entrée et la sortie.

Les matières et espèces, à d'autres titres que celui de 900 *milliemes*, sont tarifiées plus favorablement, ou plus défavorablement que les bases indiquées ci-dessus, selon l'utilité plus ou moins grande, l'emploi plus ou moins avantageux de l'or ou de l'argent à tel titre, enfin selon ce qu'il en coûterait au besoin pour faire affiner ces matières;

C'est pourquoi la Banque résilie son bénéfice de ½ pour %, sur l'argent qu'on lui apporte depuis le titre de 950 *milliemes* et au-dessus, parce que l'amalgame qu'elle peut en faire, avec l'argent de bas aloi, lui épargne des frais d'affinage, que l'on doit évaluer à 2 pour cent;

C'est pourquoi, encore, elle réduit son bénéfice à ¼ pour %, sur l'argent depuis 950 jusqu'à 925 *milliemes* de fin, parce qu'à ce dernier titre l'argent est recherché pour l'Angleterre.

Les différences sont moins grandes, à l'égard des titres de l'or, dont les frais d'affinage ne s'élevent qu'à ¾ pour *cent*, au plus, lorsqu'il est au titre de 900 *milliemes*; à *sept-huitiemes* pour *cent*, lorsqu'il est à 833 *millièmes*; et à 1 pour *cent* au plus, lorsqu'il est au titre de 750 *milliemes*. Aussi le rapport de l'or à l'argent, établi comme 15 à 1, sur ces métaux de 900 à 1000 *milliemes*, s'élève-t-il à près de 15 ½, lorsque l'un et l'autre sont à ¼ d'alliage sur ¾ de fin.

D'après ces trois considérations : 1.° La crasse que peuvent contenir les espèces monnoyées; 2.° le déchet, en pure perte, dans les cas où la Banque serait obligée de convertir ces espèces en lingots, pour faire ses paiemens; 3.° la *possibilité* qu'il se glisse, dans les sacs d'espèces, quelques pièces d'un titre inférieur, la Banque reçoit les monnaies d'or à une réduction de $\frac{1}{2}$ pour *cent*, sur le prix des lingots constatés au même titre, et les monnaies d'argent à $\frac{1}{4}$ pour *cent* seulement de différence, entr'elles et les lingots à titre égal.

Des considérations d'une autre nature font accorder une faveur particulière aux nouvelles monnaies de France de l'an 11, tant d'or que d'argent, (elles sont évaluées à 221 fr. 11 c. le *kilogramme* fin); une faveur un peu moindre aux pièces de 5 francs, monnoyées depuis l'an 3 jusqu'en l'an 11 (elles sont évaluées à 219 fr. 25 c. le *kilogramme* fin); enfin quelque faveur aux piastres, sur de l'argent en lingots au même titre, (ces dernières sont évaluées à 217 fr. 40 c. le *kilogramme* fin).

PROJET
DE
STATUTS-ORGANIQUES,

Relatifs aux prêts sur marchandises par la Banque.

ARTICLE I.er

La Banque fera des prêts aux particuliers, sur dépôt de marchandises de nature non périssable et non sujettes à confiscation; ces prêts seront faits d'après le mode qui va être indiqué, et sauf les règlemens que l'administration établira d'ailleurs, relativement à ce genre d'opérations, afin de se garantir des risques et des fraudes qui pourraient être à craindre.

ART. II.

Les dépôts seront faits, à Paris, dans les magasins de la Banque; et dans les départemens, chez les maisons de commerce qu'elle aura désignées à cet effet et qui répondront, aux propriétaires des objets déposés, de leur conservation intégrale, et à la Banque, de tous dols, fraudes et substitutions.

Art. III.

Si les dépôts ont lieu à Paris, les objets seront préalablement vérifiés ; s'ils ont lieu entre les mains des maisons accréditées auprès de la Banque, dans les départemens, elles lui en donneront avis, ainsi que de l'évaluation de ces objets ; alors la Banque délivrera aux propriétaires de ces dépôts, ou à leurs ayant-cause, des *promesses-d'inscription*, à des termes prolongés d'*un mois* fixe au-delà de ceux auxquels ils seront tenus de rembourser les sommes portées en ces promesses, plus les frais de magasinage et le droit de prêt, qui est fixé pour le présent à *un-tiers* pour *cent* par mois. Ces promesses-d'inscription seront transférables par la voie de l'endossement ; elles deviendront nulles cependant, dans le cas de destruction par incendie, dans celui de destruction ou d'enlèvement par force majeure, enfin dans celui de revendication des objets dont le dépôt aura motivé ces promesses.

Art. IV.

Les maisons de commerce, dépositaires pour la Banque, ne pourront, à aucun titre ni sous aucun pretexte que ce soit, exiger de rétribution des propriétaires de dépôts ; elles recevront, à titre de commission, *un-quart* du droit qui aura été perçu par la Banque, et s'en entendront avec elle seulement, ainsi que des frais de magasinage, dont elles donneront avis.

Art. V.

La Banque, à défaut d'être remboursée entièrement

et aux termes fixés, tant du principal que du droit de prêt et des frais de magasinage, ordonnera sans délai la vente des objets déposés, dont le prix sera nécessairement stipulé en *francs-stéréo-banco ;* elle opérera d'ailleurs de manière à assurer, autant que possible, la rentrée des fonds, avant l'échéance des promesses-d'inscription qu'elle aura émises.

ART. VI.

Les objets déposés, qui se trouveront dans le cas d'être vendus, seront chargés d'un droit de *commission*, en faveur de la Banque, lequel est fixé pour le présent à *un* pour *cent ;* la moitié de ce droit, c'est-à-dire *demi* pour *cent*, appartiendra aux maisons de commerce dont il est fait mention aux articles II, III et IV, et qui auront été chargées de la vente.

ART. VII.

Lorsque les objets déposés auront été vendus, il sera prélevé sur leur produit, 1.° le montant de ce que la Banque aura prêté, 2.° celui des frais de vente, 3.° la commission d'*un* pour *cent*, 4.° les frais de magasinage, 5.° le droit de prêt; et la somme restante sera inscrite en banque, au crédit des propriétaires des objets sus-mentionnés.

ART. VIII.

En opérant les ventes dont il vient d'être parlé, la Banque soignera les intérêts des propriétaires des marchandises, ainsi qu'il est d'usage de négociant à négociant, dans les affaires de confiance.

ART. IX.

La Banque répondra, envers les propriétaires des marchandises déposées, des faits des agens qu'elle aura établis pour recevoir les dépôts en son nom; elle ne répond pas des cas d'incendie ni de force majeure.

ART. X.

Chaque promesse - d'inscription et l'autorisation donnée à la Banque, par les propriétaires des objets déposés, de les vendre de gré à gré ou autrement, ne feront qu'un seul et même acte, dont duplicata restera déposé à la Banque.

PROJET
DE
STATUTS-ORGANIQUES,

Relatifs aux opérations de la Banque, considérée comme Compagnie d'assurance maritime.

ARTICLE I.er

LA Banque aura, dans les principales villes maritimes de la France ainsi que de l'étranger, des correspondans spécialement chargés de recevoir les propositions des armateurs expéditionnaires, chargeurs ou commissionnaires des navires de commerce; relativement aux bâtimens, ou aux marchandises, qu'il s'agira d'assurer. Ces correspondans rendront compte à la Banque, d'après une formule uniforme, de tous les détails sur lesquels il sera convenable qu'elle soit instruite, concernant les navires, capitaines, armateurs, etc.; afin que la nature des risques dont elle pourra se charger lui soit bien connue, ainsi qu'afin d'écarter tous dols ou fraudes qu'on pourrait entreprendre contre elle. Ils ne recevront que les propositions des maisons de commerce connues et de bonne réputation; ils écarteront toutes celles qui pourront leur être faites par des personnes inconnues, ou même par des maisons de commerce qui auraient été antérieurement convaincues ou soupçonnées d'avoir commis quelque fraude ou dol dans les assurances.

ART. II.

Au moyen de ces précautions générales, au moyen de celles que l'administration de la Banque jugera d'ailleurs à-propos de prendre, pour la garantir de toutes intentions frauduleuses de la part des parties à assurer, il sera établi des primes proportionnées à chaque nature de risques, et assez modérées pour que les particuliers aient intérêt à se faire assurer par la Banque, plutôt que de commettre leurs assurances à l'étranger; l'administration est chargée, en tout temps, de règler ces primes, de les modifier ou de les changer, selon que les circonstances l'exigeront.

ART. III.

L'administration est encore chargée de prévenir, autant qu'il lui sera possible, la nécessité de vider des contestations devant les tribunaux, pour fait de ses assurances; elle interprétera même en faveur des parties assurées toutes circonstances propres à faire naître des difficultés avec elles, lorsqu'elles auront été de bonne foi, et cela autant qu'il sera compatible avec le soin de garantir la banque de tous dols et fraudes; le tout afin de lui établir une réputation, non équivoque, de fidélité à ce genre d'engagement en particulier.

ART. IV.

La Banque assurera tout navire de commerce, de quelque nation qu'il soit, et quel que soit le lieu de son départ et de sa destination ; elle n'assurera point de marchandises pour une destination prohibée par les lois de France.

ART. V.

Toutes les primes d'assurance seront payées comptant et en argent de banque ; les remboursemens des risques seront effectués par inscription de crédit en banque, en faveur des parties assurées ou leurs ayant-cause.

ART. VI.

Les correspondans de la Banque ne recevront aucune rétribution des parties assurées ; il leur sera tenu compte, par la banque, d'une commission sur le montant des sommes assurées, laquelle sera *d'un quart* pour *cent*, lorsque les sommes n'excéderont pas *quatre mille francs*, et d'un *huitième* pour *cent*, sur toute somme excédant celle-ci ; dans aucun cas, ils ne pourront répéter sur la Banque aucuns frais de courtage ou autres.

PROJET
DE
STATUTS-ORGANIQUES,

Relatifs aux opérations de la Banque, considérée comme compagnie d'assurance sur la vie humaine.

Article I.er

La Banque se chargera d'assurer, contre les chances d'une mort prématurée, les individus dont un tel événement priverait la famille, ou les personnes qu'ils affectionnent, du fruit des économies dont ils se seraient proposé de les faire jouir.

Art. II.

Les individus qui se présenteront, pour se faire ainsi assurer, désigneront la somme qu'ils voudront rendre l'objet de l'assurance, ainsi que la personne ou les personnes en faveur desquelles elle devra être faite, et il en sera dressé acte.

L'engagement pris par la Banque deviendra nul, cependant, dans le cas de suicide de l'individu assuré, dans celui d'un jugement de tribunal, qui le condamnerait à la mort naturelle, à la déportation, ou à quelque peine infamante; dans tout autre cas, cet engagement aura son entier effet.

Art. III.

La Banque percevra une prime annuelle, sur la somme assurée; cette prime sera relative à l'âge, à l'état, ainsi qu'aux autres circonstances ostensibles et particulières à chaque individu; l'administration dressera un tarif de primes, pour les cas ordinaires, et pourra le changer ou le modifier selon le besoin.

Art. IV.

La prime devra, chaque année du vivant de l'individu assuré, être acquittée d'avance; faute de quoi l'assurance cesserait de droit. Cependant, dans le cas où des personnes, vivant de leur industrie, viendraient à perdre leurs places; dans celui où elles se trouveraient, par suite d'accidens fâcheux, hors d'état de suivre leurs occupations accoutumées; enfin si d'autres circonstances malheureuses et imprévues mettaient ces personnes dans l'impossibilité absolue, mais momentanée seulement, de continuer le paiement des primes, l'administration de la Banque, qui sera seule juge de la légitimité de toutes réclamations de ce genre, pourra accorder termes et délais, sans que pour cela l'effet de l'assurance cesse. La suspension du paiement des primes exigibles ne pourra toutefois excéder le terme de deux années. Lorsque l'administration délibérera sur ces secours, elle aura égard sur-tout à la moralité des personnes.

Art. V.

Toute assurance qui sera devenue nulle, par la cessation pendant deux ans du paiement des primes exigibles, reprendra son plein et entier effet, sans qu'un nouvel acte soit nécessaire, lorsque l'individu assuré déclarera à l'administration qu'il veut être assuré de nouveau, et qu'il acquittera d'avance la prime d'une année, qui commencera de ce moment-là.

Art. VI.

La prime qui aura été une fois stipulée, ne pourra être augmentée à l'égard du même individu, lorsqu'il sera parvenu à un âge plus avancé; mais s'il venait à s'expatrier, ou à quitter un état sédentaire pour en entreprendre un autre plus dangereux, il ne pourrait prétendre qu'au remboursement de la prime qu'il aurait payée pour l'année courante. Une mission temporaire à l'étranger, soit publique ou particulière, et même au-delà des mers, pourvu qu'elle soit déclarée à l'administration et reconnue par celle-ci pour n'avoir pas d'objet contraire à l'esprit de cet article, ne sera point considérée comme en étant une infraction. L'administration pourra modifier les engagemens entre la Banque et les parties assurées, par de nouvelles stipulations de gré à gré; enfin, dans les circonstances qui pourraient faire naître des difficultés imprévues, l'administration interprétera les choses d'une manière favorable aux parties assurées et qui lui paroîtront être de bonne foi.

Art. VII.

Les primes seront perçues, pour les assurances *sur la vie humaine*, de la manière qui a été dite relativement aux assurances maritimes.

Art. VIII.

Toute personne pourra faire assurer par la Banque une somme quelconque, en faveur de toute autre personne, en faveur de plusieurs collectivement, ou même en sa propre faveur, sur la vie d'un chef ou membre du Gouvernement, de tout autre personnage éminent, enfin d'un particulier connu, quel qu'il soit; sauf les restrictions mentionnées en l'article VI.

Art IX.

Le paiement par la Banque, des sommes échues aux particuliers, en conséquence des assurances dont elle se sera chargée, s'effectuera par la voie d'inscription à leur crédit, ou au crédit de leurs ayant-cause.

FIN.

virtútum nobiscum ; suscéptor noster Deus Jacob : allelúia.

Postcommunion.

Tribue nobis, Dómine, cœlestis mensæ virtúte satiátis, & desideráre quæ recta sunt, & desideráta percípere ; Per Dóminum nostrum.

A VESPRES.

Comme aux II. Vêpres du Dimanche de Quasimodo, pag. 362, excepté ce qui suit :

Capitule. Apoc. 1.

Grátia vobis & pax à Jesu Christo qui est testis fidélis primogénitus mortuórum, & princeps regum terræ, qui diléxit nos & lavit nos à peccátis nostris in sánguine suo.

A Magníficat, Ant. 7. G. Spíritus veritátis docébit vos omnem veritátem. Non loquétur à semetipso ; sed quæcumque áudiet, loquétur, & quæ ventúra sunt annuntiábit vobis : allelúia.

Capitule. Rom. 7.

Fratres mei, mortificáti estis legi per corpus Christi, ut sitis altérius qui ex mórtuis resurrexit, ut fructificémus Deo.

A Magníficat, Ant. 2. D. Amen, amen dico vobis, Si quid petiéritis Patrem in nómine meo, dabit vobis : allelúia.

LE V. DIMANCHE APRÈS PASQUES.

A LA PROCESSION.

Les ℟., ℣. & Oraison, comme ci-dessus, p. 360.

A LA MESSE

INTROÏT.

Prope est Dóminus ómnibus invocántibus eum ; ómnibus invocántibus eum in veritáte ; voluntátem timéntium se fáciet ; & deprecatiónem eórum exáudiet : allelúia, allelúia. *Ps.* Exaltábo te, Deus meus rex * ; & benedícam nómini tuo in sǽculum, & in sǽculum sǽculi. Glória Patri. Propè est.

[...] propera, amica mea, columba mea, formósa mea ; & veni : allelúia.

Ant. 6. F. Ostende mihi fáciem tuam : Sonet vox tua in áuribus meis : vox enim tua dulcis, & fácies tua decóra ; allelúia.

Cantique, Gaudens, au Commun des Vierges, pag. lxxviij.

Ant. 7. ç. Invéni quem diligit ánima mea : ténui eum ; nec dimittam ; allel.

Ant. 3. a. Dóminus ipse est laus tua, & Deus tuus, qui fecit tibi hæc magnália : allelúia.

Capitule. Judith, 13.

Nomen tuum Dóminus ità magnificávit, ut non recédat laus tua de ore hóminum qui mémores fúerint virtútis Dómini in æternum, pro quibus non pepercisti ánimæ tuæ propter angústias & tribulatiónem géneris tui, sed subvenisti ruínæ, antè conspectum Dei nostri.

Hymne.

Surge nunc, Christi nova sponsa, Virgo :
Macte, conceptis potiere virgo,
Jàm sacra votis.
Nil domûs splendor, ne opes avítæ.
Blanda nec flexit júvenem voluptas :
Quos fides monstrat, Godeberta solos
Ambit honóres.
Cui sapit Christus, peritúra vani
Cuncta vilescunt simulacra mundi :
More torrentis, fugitívum illi
Præterit orbis.
Et caducárum simulacra rerum
Nos tenent terris fugitíva fixos :
Nos adhùc umbram séquimur ; fugit nos.
Umbra sequentes.
Fac, Deus, veris inhiáre donis ;
Da famem de te satiáre longam :
Da simùl secli malè blandientem
Spérnere pompam.
Amen.

℣. Deus præcinxit me virtúte ; ℟. Et pósuit im-

Q v

www.ingramcontent.com/pod-product-compliance
Ingram Content Group UK Ltd.
Pitfield, Milton Keynes, MK11 3LW, UK
UKHW020946180726
13838UKWH00003B/1157